AF277540

EL VUELO DE UNA MARIPOSA

El vuelo de una mariposa, de Vanesa Roca y Sara Caballeria
Primera edición: octubre de 2024

© Del texto: Vanesa Roca, 2024
© De las ilustraciones: Sara Caballeria, 2024

© De esta edición:
Inuk Books
Calle del Perú, 186
08020 - Barcelona
www.inukbooks.com

Directora editorial: Alicia Soria
Editora: M. Roser Macià
Arte y diseño: Cloé Porqueres
Producción: Mònica N. Irún

Corrección: Estela Gómez

Impresión: Gómez Aparicio, S. A.
ISBN: 978-84-19968-30-2
Depósito legal: B 16259-2024
THEMA: YXG, YBCS
Todos los derechos reservados al titular del *copyright*.

PEFC Certificado
Impreso en papel que procede de bosques gestionados de forma sostenible y fuentes controladas
PEFC/14-38-00245   www.pefc.es

EL VUELO DE UNA MARIPOSA

VANESA ROCA
SARA CABALLERIA

inuk

Paula y su amigo Taka juegan
a pasarse la pelota después
de la escuela mientras Max, el perrito
de Paula, corre a su alrededor.
—¡Cuidado! —grita Paula,
cuando la pelota sale disparada
hacia los matorrales.

Cuando se acerca a recogerla,
ve que en una hoja hay una enorme
mariposa de colores preciosos.
¡Nunca había visto una de tan cerca
y tan quieta!

De pronto, la mariposa hace
un movimiento lento con las alas,
cerrándolas y deslizándose suavemente
hacia el suelo, como una hoja cuando
cae del árbol en otoño.

Paula coge la mariposa con cuidado,
un poco aturdida.

—Ha caído y no se mueve...
—Déjala y seguimos jugando
un rato más, Paula, que en nada
vendrán a buscarme.

—No puedo dejarla así. Tendríamos que hacer algo, ¿no?

—¿Y si la tiramos allí? —dice Taka, señalando una papelera.

—¡No! Es un ser vivo y hace nada se movía.
Forma parte del mundo, como tú y como yo.

El señor Marcelo, el abuelo de Paula, que los
vigilaba desde el banco, se acerca a ver qué pasa.

—Abuelo, ¡mira! Se ha caído de una
hoja y no ha vuelto a moverse...
Creo que se ha muerto.

—Sí, eso parece... ¿cómo queréis despediros de ella?
Hay muchas maneras de decirles adiós, a los difuntos,
muchos ritos funerarios, que es como se llaman
en realidad. ¡Hay tantos y tan variados, que recorren
toda la historia y el mundo entero!

—Y con un rito de estos,
¿podremos decirle adiós
a la mariposa?
—¡Claro que sí, pequeña!

—Los egipcios, por ejemplo, embalsamaban y momificaban a los muertos. Construían pirámides donde los depositaban con todas sus pertenencias, porque creían que había otra vida después de la muerte y que las necesitarían, para hacer el viaje de una vida a la otra.

—Embalsa... ¿qué?

—¡Las momias me dan miedo!

—Mmm... los griegos colocaban monedas,
los óbolos, bajo la lengua o sobre los ojos de los difuntos
para que pudieran pagar el viaje al barquero de las almas,
Caronte, y las transportara de la orilla de los
vivos a la de los muertos.

—Abuelo, la mariposa es muy pequeña
y no le cabe una moneda en ninguna parte
—dice Paula—, ¡no nos sirve esa opción!

—Es verdad, pues la opción de los vikingos, ¡tampoco os parecerá muy fácil! Dejaban a los muertos en sus barcos, los drakares, para quemarlos después, mientras se adentraban en las aguas de los fiordos donde vivían.

—Podríamos hacer un barco de papel, pero... ¡se hundirá! —dice Taka.

—El barco se hundirá, sí, pero la mariposa quizás flota —explica el abuelo—. De hecho, en algunas partes de la India, dejan a los muertos o a sus cenizas flotando en el Ganges, un río que ellos consideran sagrado.

—¿Las cenizas? Entonces, ¿allá también
los queman como a los vikingos, señor Marcelo?

—La cremación es un ritual muy común
en muchas partes del mundo, sí. Los vikingos
quizás lo hacían todo mucho más... ¡espectacular!
—dice el abuelo, sonriendo.

Llegan a la pérgola de los músicos, donde el señor
Lou toca el saxofón con su grupo para amenizar
las tardes del parque. Paula corre a saludarlo
y le explica lo que les ha pasado con la mariposa.

—En Nueva Orleans, de donde yo vengo,
hay una tradición que se llama los funerales de jazz,
en la que se acompaña a los difuntos desde su casa hasta
el cementerio, al son de la música. Es como un pasacalle,
pero... más solemne.

—¡Me gusta! —dice Taka—. Podríamos hacerlo, ¿no?

—Pero, ¿existe el cementerio de las mariposas? Y... ¿dónde está? —dice Paula, cada vez más preocupada.

Diwata, la quiosquera del parque
que los escuchaba muy atenta, les dice:
—En Filipinas, cerca de donde yo vivía, no enterraban
a los difuntos bajo tierra. Se colgaban los ataúdes en acantilados
o se dejaban dentro de las cuevas, puesto que se creía que,
si se enterraba a los difuntos, se ahogarían.

—Pero si la colgamos en un árbol,
¡se la comerán los pájaros!
¡Y no quiero!

—Este sería el ciclo natural de la vida —dice el
abuelo—. Los budistas del Tíbet celebran los entierros
celestiales y dejan a los muertos en la intemperie para
que las aves carroñeras se los coman, Paula.

Se despiden de Lou y Diwata y siguen paseando
por el parque, pensativos, mientras se dirigen
al punto de encuentro con Naoko, la madre de Taka.

Sin apenas darse cuenta, ya ha llegado
la hora de volver a casa... ¡y todavía no
saben qué hacer con la mariposa!
—¿Y qué se hace, en Japón? —pregunta
Paula a Naoko, sin muchas esperanzas.

—En Japón, en algunas zonas rurales, se practica el ritual Nohkan: se prepara a los difuntos con mucha delicadeza, limpiándolos y vistiéndolos para que hagan el largo viaje hacia el más allá. A la mariposa quizás no la podéis limpiar, pero la podéis envolver con una tela bonita.

—¡Es lo que quería hacer al principio!
—exclama Paula, emocionada.
Sabe que están a punto de encontrar
la mejor manera de decirle adiós.

—Podéis encender una luz para recordarla,
como hacen en los rituales Obon. Se deja un farolillo
flotante en el agua con los mejores deseos
para que los difuntos puedan encontrar
su camino en la otra vida.

Mientras ponen la mariposa sobre
un pañuelo blanco y la envuelven,
Max aparece con una pala en la boca
y el jardinero del parque detrás suyo,
persiguiéndolo.

Y Paula, de repente,
tiene muy claro qué hacer.

—¡Ya lo tengo! Con esto podríamos
enterrar la mariposa, ¿no?
—Si el jardinero nos deja, ¡por supuesto!
—dice el abuelo—. Esta es nuestra
costumbre, enterrar a los difuntos.
¿Ya sabéis dónde?

—¡Hay un jardín con flores
de colores aquí cerca!
—dice Taka.

Mientras se dirigen en silencio hacia allí,
como un séquito fúnebre, escuchan
el sonido de un saxo acercándose:
¡Lou los acompaña también con su música!

Una vez llegan al pequeño jardín,
los dos amigos cogen la pala y cavan
un agujero en la tierra, donde dejan
a la mariposa y la cubren de tierra.

—¿Le hacemos un corro
alrededor? —propone Taka.

—¿Y si le cantamos
una canción de despedida?
—contesta Paula.

OH, MARIPOSA QUE BRILLABAS,
LLEGA LA HORA DE DECIRTE ADIÓS.
TUS ALAS YA ESTÁN QUIETAS,
PERO POR SIEMPRE VOLARÁS
EN NUESTRO CORAZÓN.

Paula se pone las manos en el corazón
y todos la imitan en silencio. Se miran muy
emocionados, porque entre todos han podido
despedir a la mariposa.

Los últimos rayos
de sol se desvanecen.
Todo queda en paz.